QUELQUES ASPECTS
DE LA VIE DE PARIS

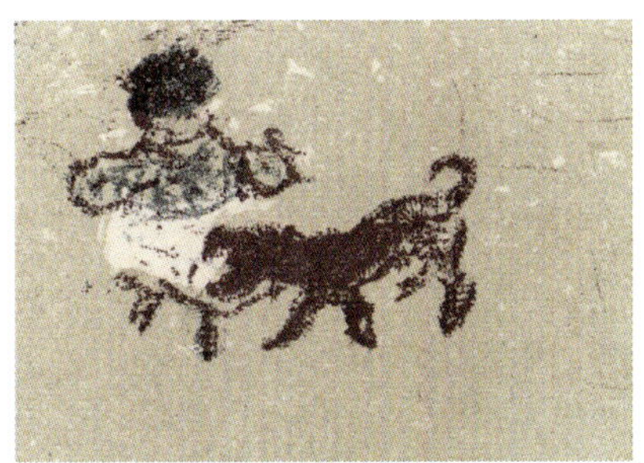

SOME SCENES OF
PARISIAN LIFE

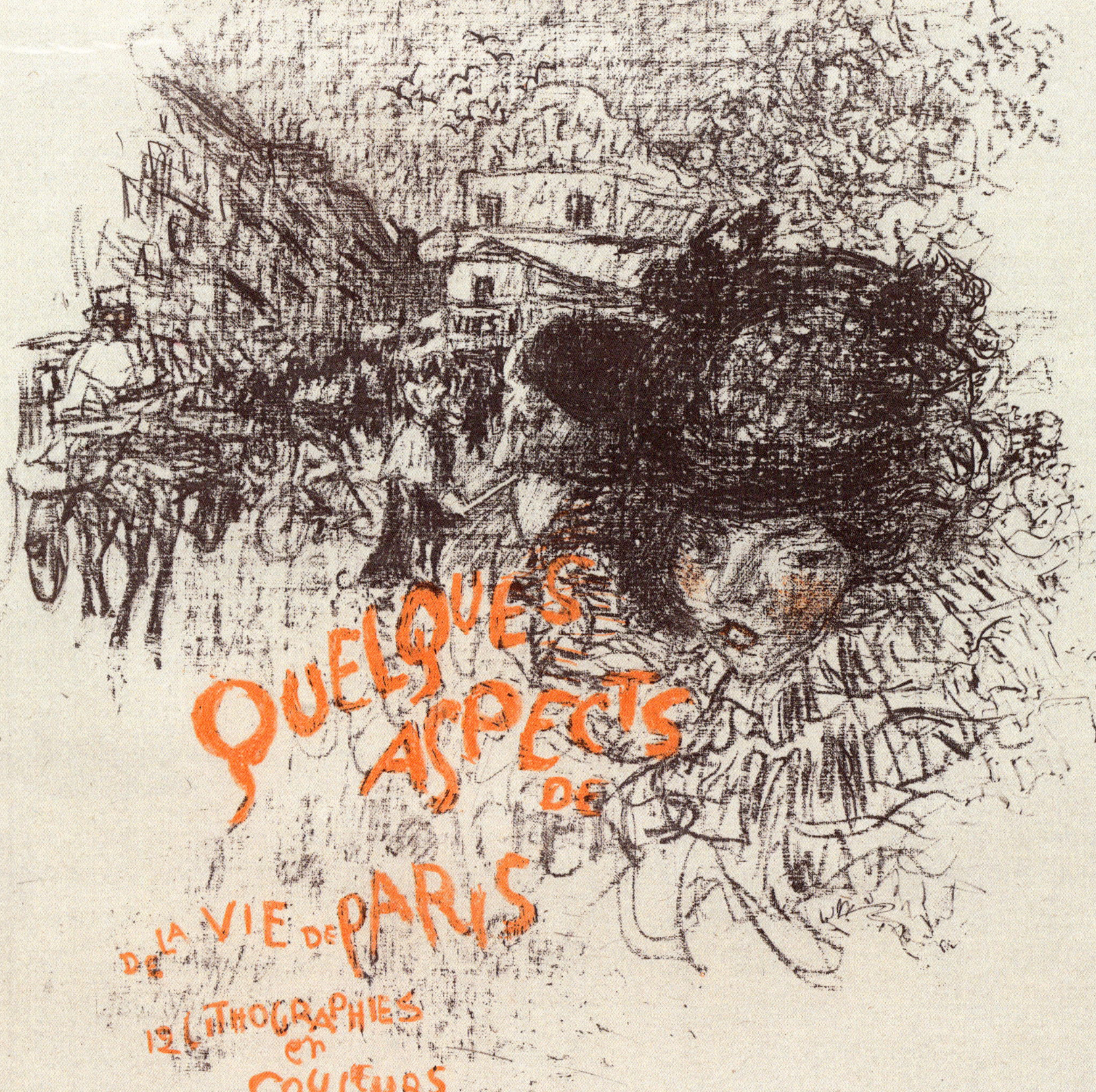
VOLLARD
EDITEUR
6 rue Laffitte
QUELQUES
ASPECTS
DE
DE LA VIE DE PARIS
12 LITHOGRAPHIES
en
COULEURS
par Bonnard

Quelques aspects de la vie de Paris

Some Scenes of Parisian Life

Pierre Bonnard

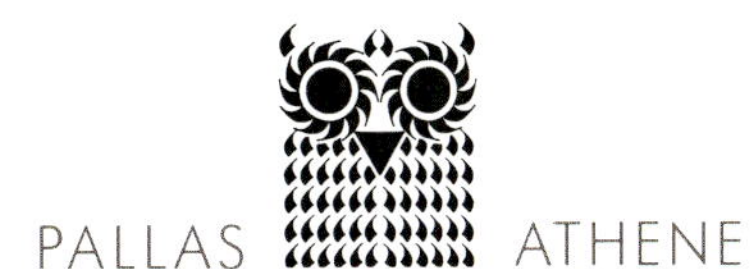
PALLAS ATHENE

FRONTISPICE/FRONTISPIECE

Couverture *Cover*

1.

Avenue du Bois de Boulogne *Avenue du Bois de Boulogne*

2.

Coin de rue *Street Corner*

3.

Maisons dans la cour *Houses in the Courtyard*

4.

Rue vue d'en haut *Street seen from above*

5.

Boulevard *Boulevard*

6.

Place le soir *The Square at Evening*

7.

Le Marchand de quatre saisons *The Costermonger*

8.

Le Pont *Bridge*

9.

Au théâtre *At the Theatre*

10.

Rue, le soir sous la pluie *Street at Evening in the Rain*

11.

Arc de Triomphe *The Arc de Triomphe*

12.

Coin de rue vue d'en haut *Street Scene seen from above*

1.

Avenue du Bois de Boulogne

Avenue du Bois de Boulogne

circa 1898

310 x 460 mm

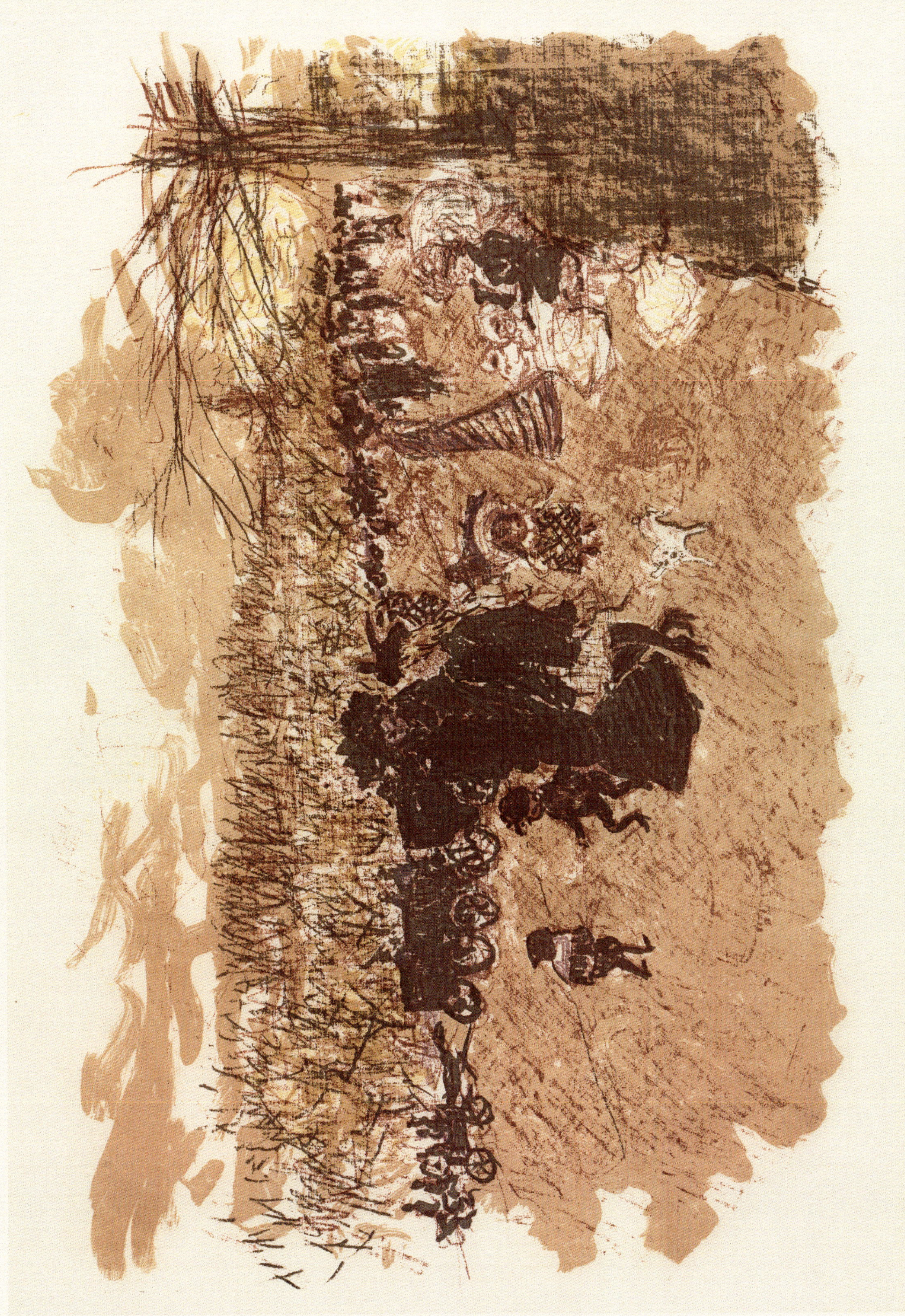

2.

Coin de rue

Street Corner

circa 1897

270 x 355 mm

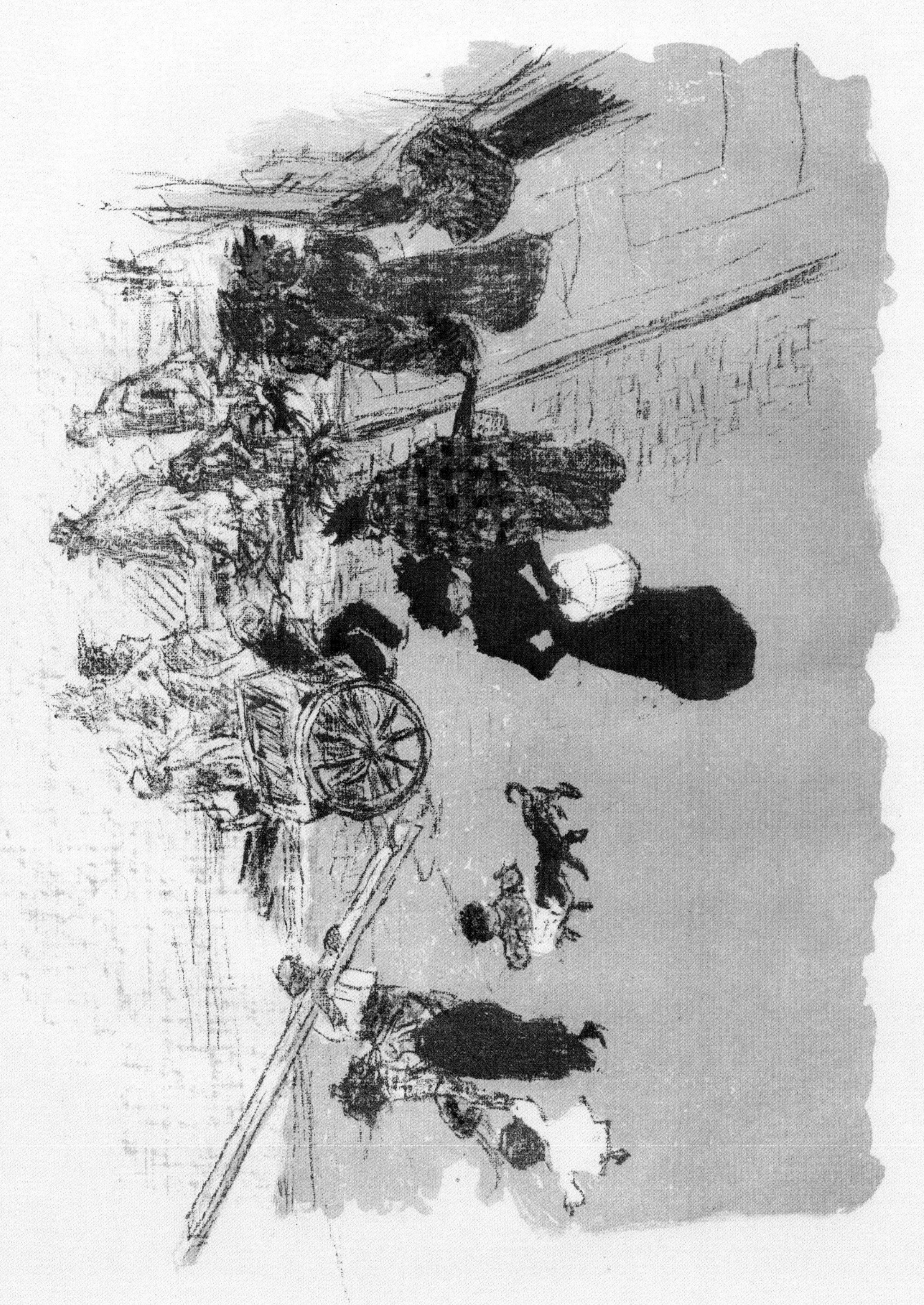

3.

Maisons dans la cour

Houses in the Courtyard

1895

345 x 257 mm

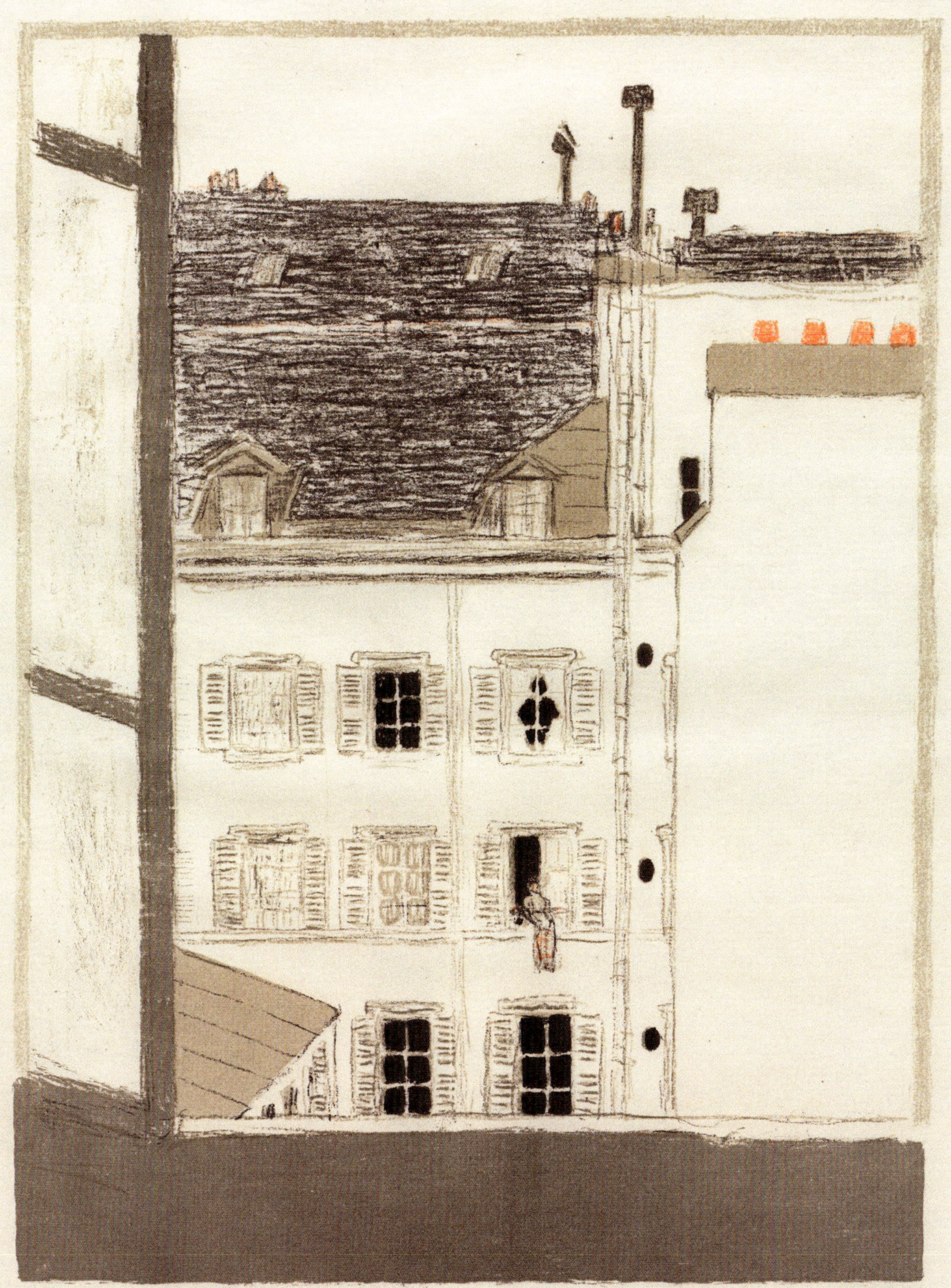

4.

Rue vue d'en haut

Street seen from above

circa 1897

370 x 225 mm

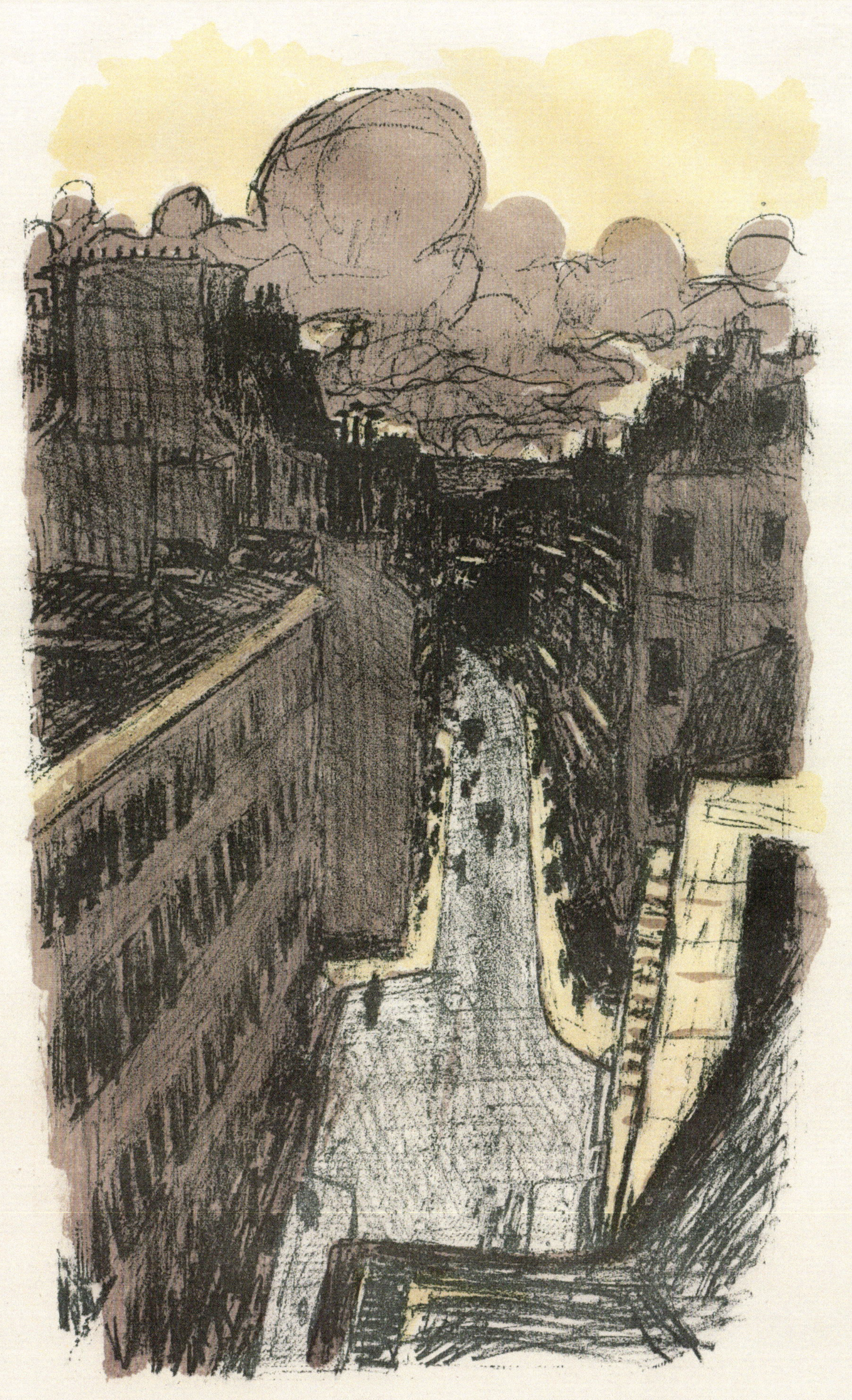

5.

Boulevard

Boulevard

circa 1896

174 x 435 mm

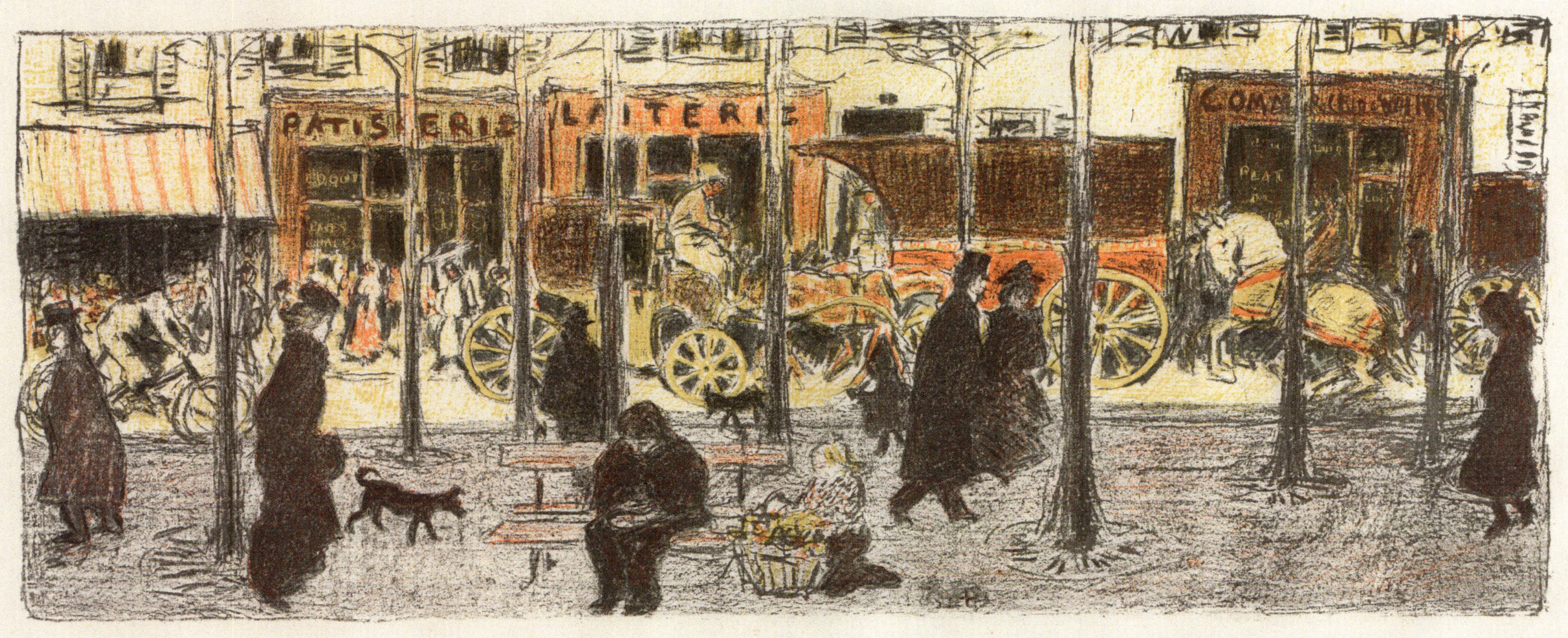
PATISSERIE
LAITERIE

6.

Place le soir

The Square at Evening

circa 1898

270 x 380 mm

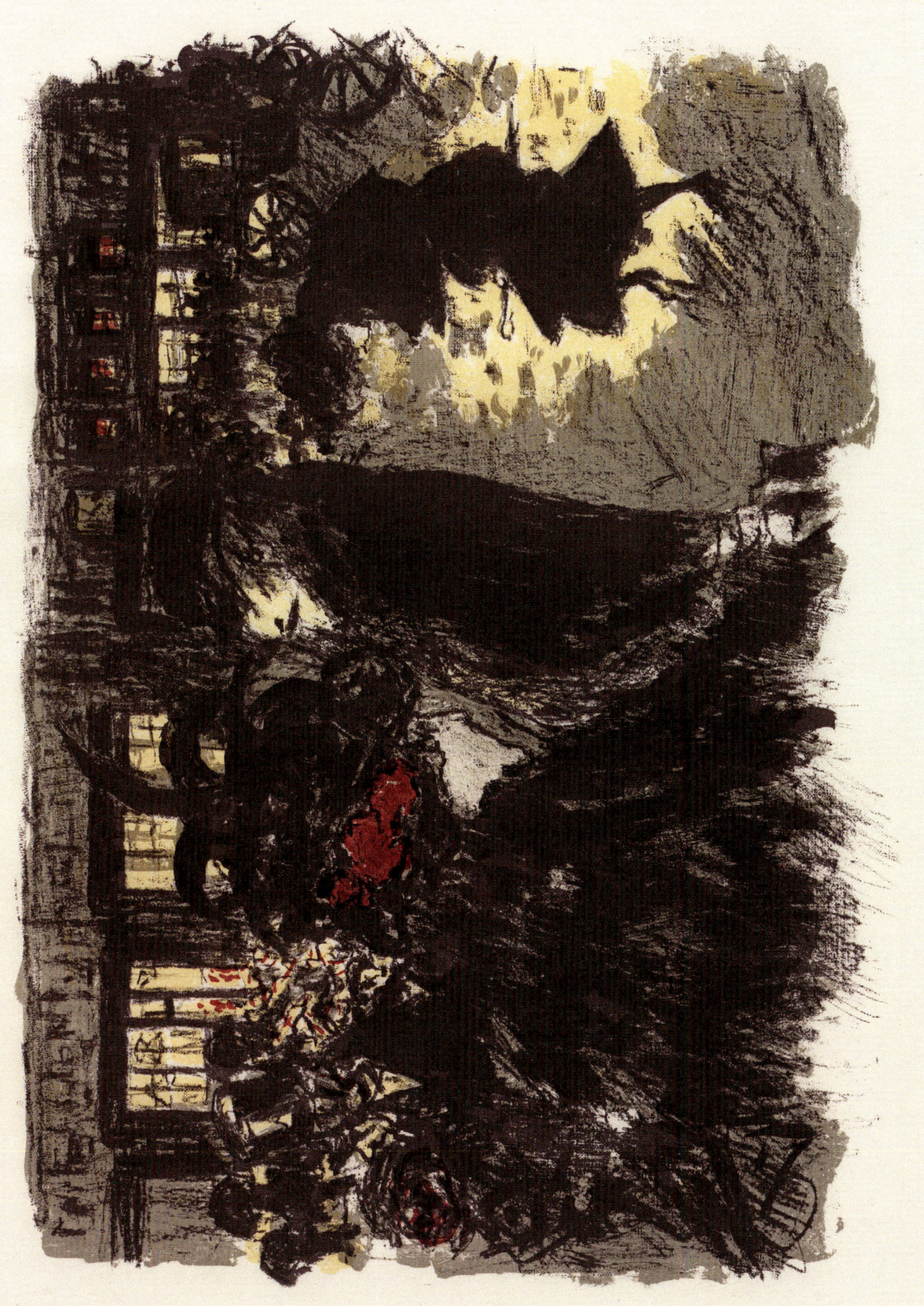

7.
Le Marchand de quatre saisons
The Costermonger
circa 1897
304 x 340 mm

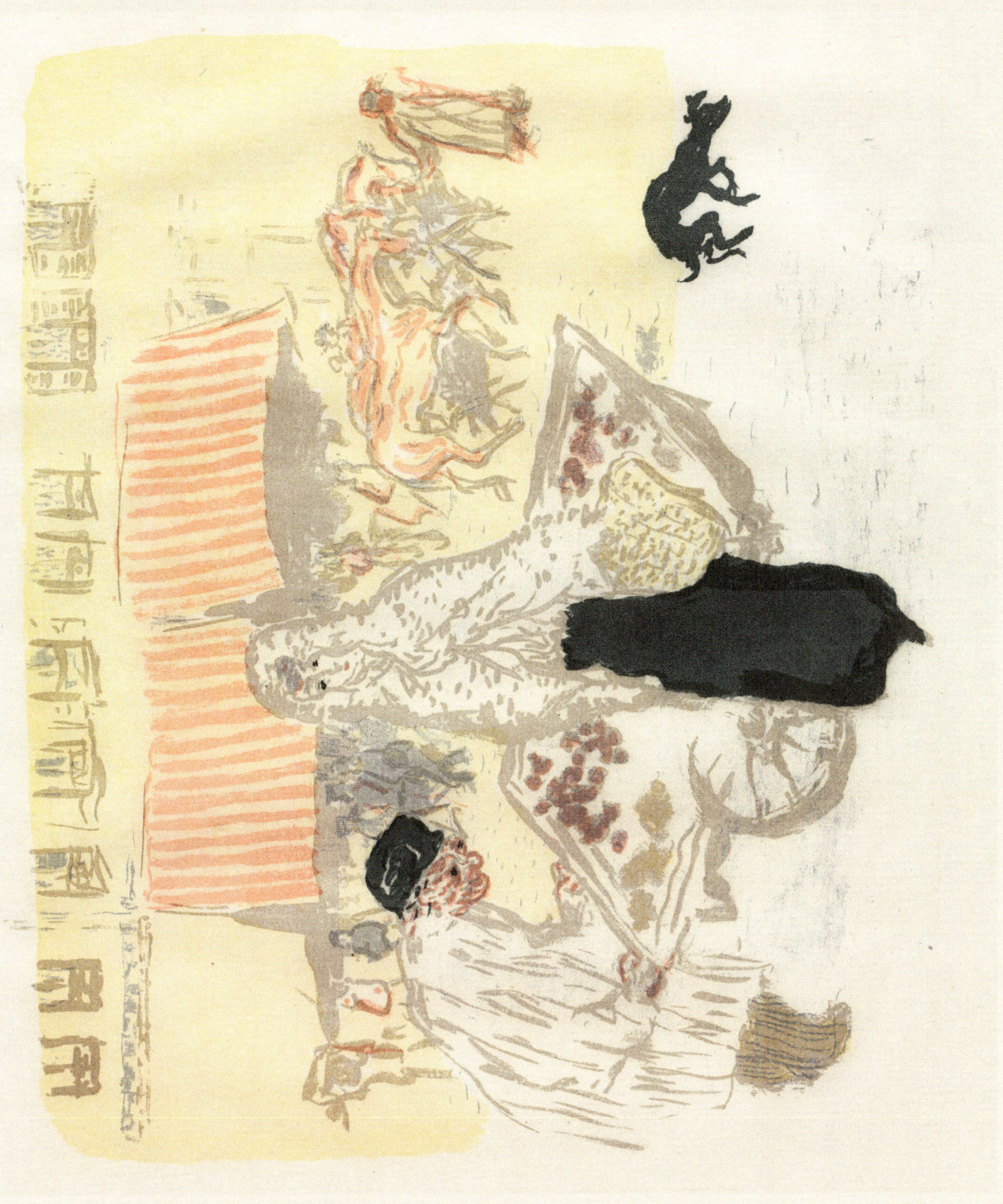

8.

Le Pont

Bridge

circa 1897

270 x 410 mm

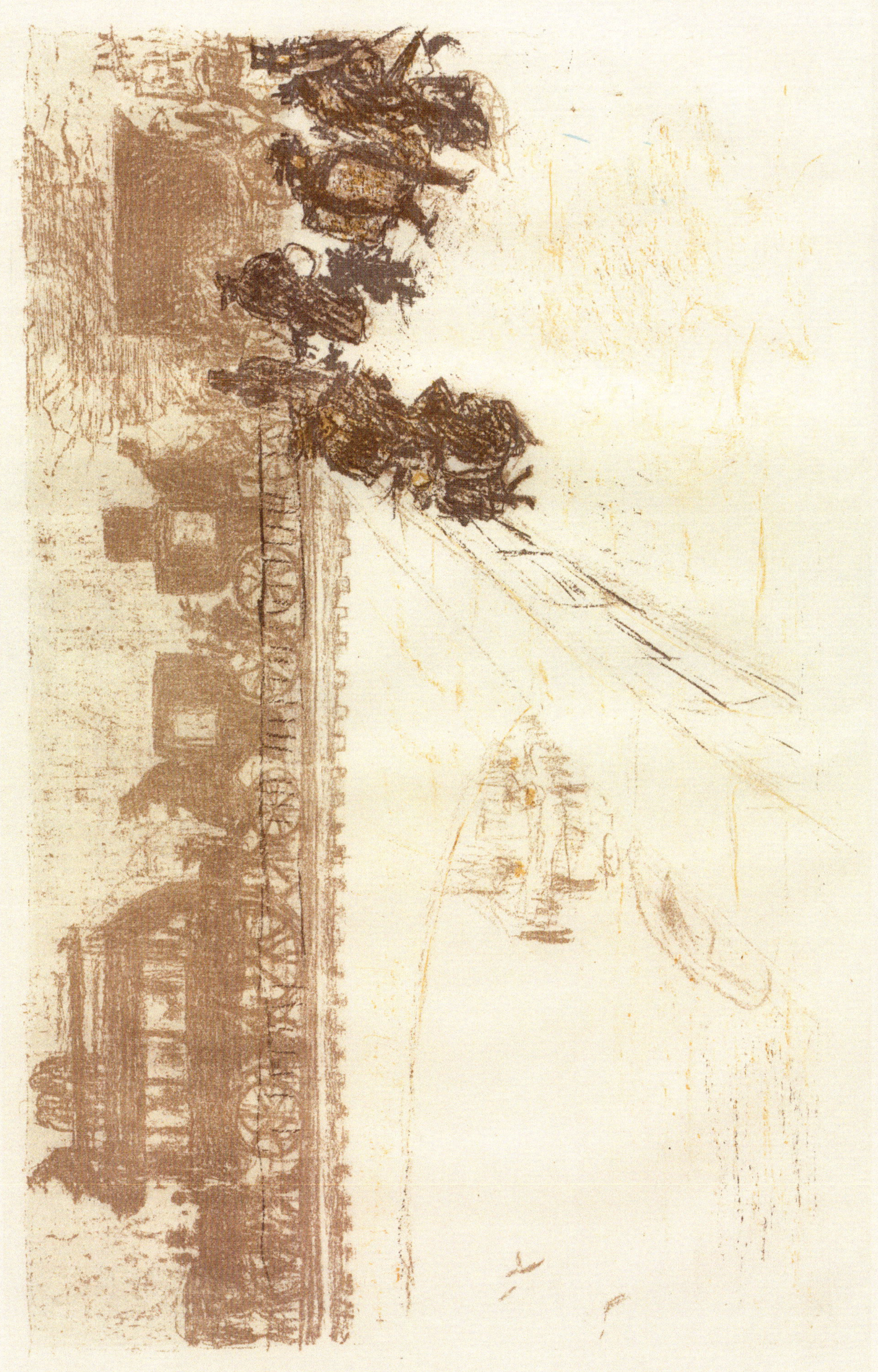

9.

Au théâtre

At the Theatre

circa 1898

210 x 400 mm

10.

Rue, le soir sous la pluie

Street at Evening in the Rain

circa 1896

257 x 355 mm

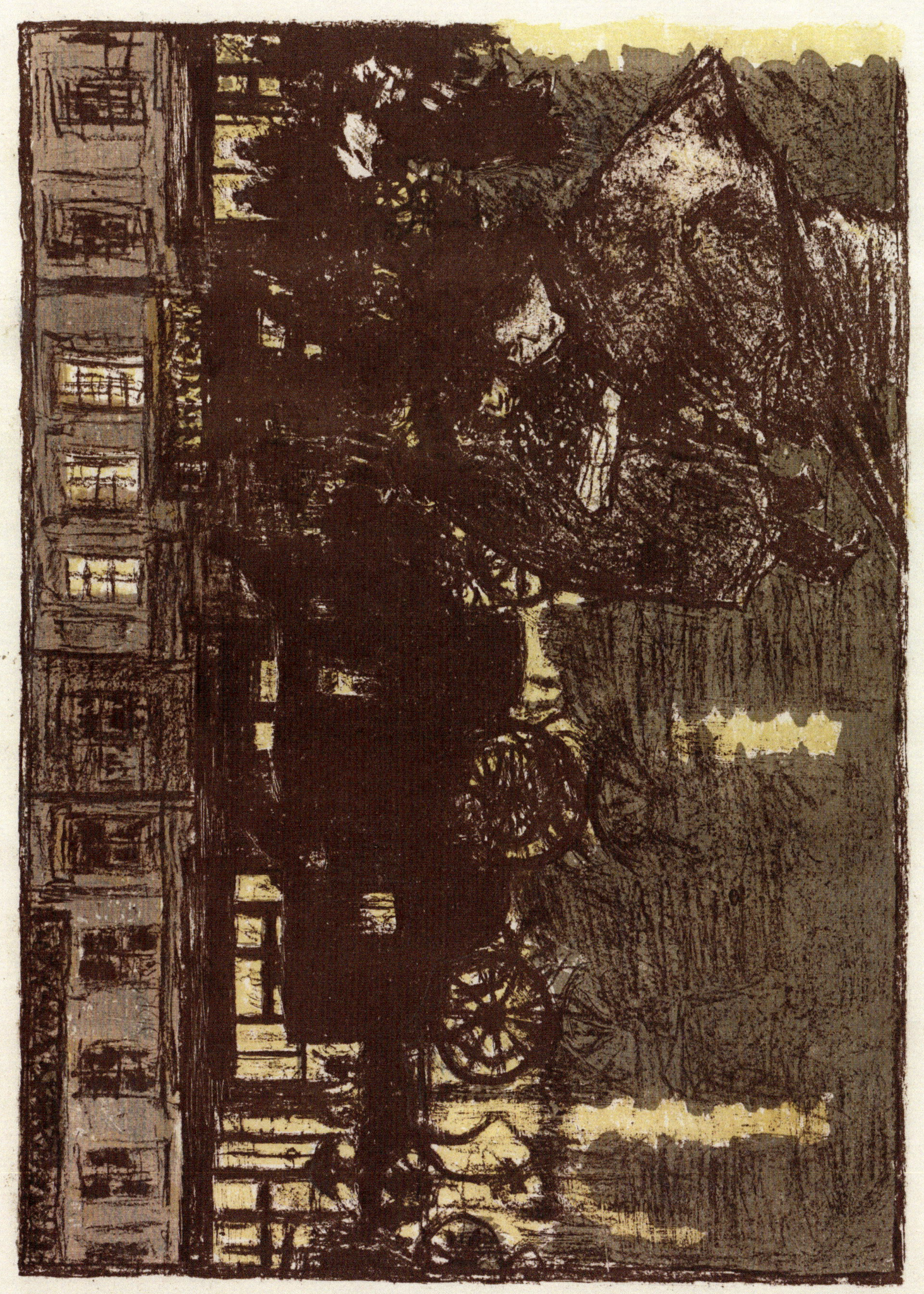

11.
Arc de Triomphe
The Arc de Triomphe
1898
310 x 465 mm

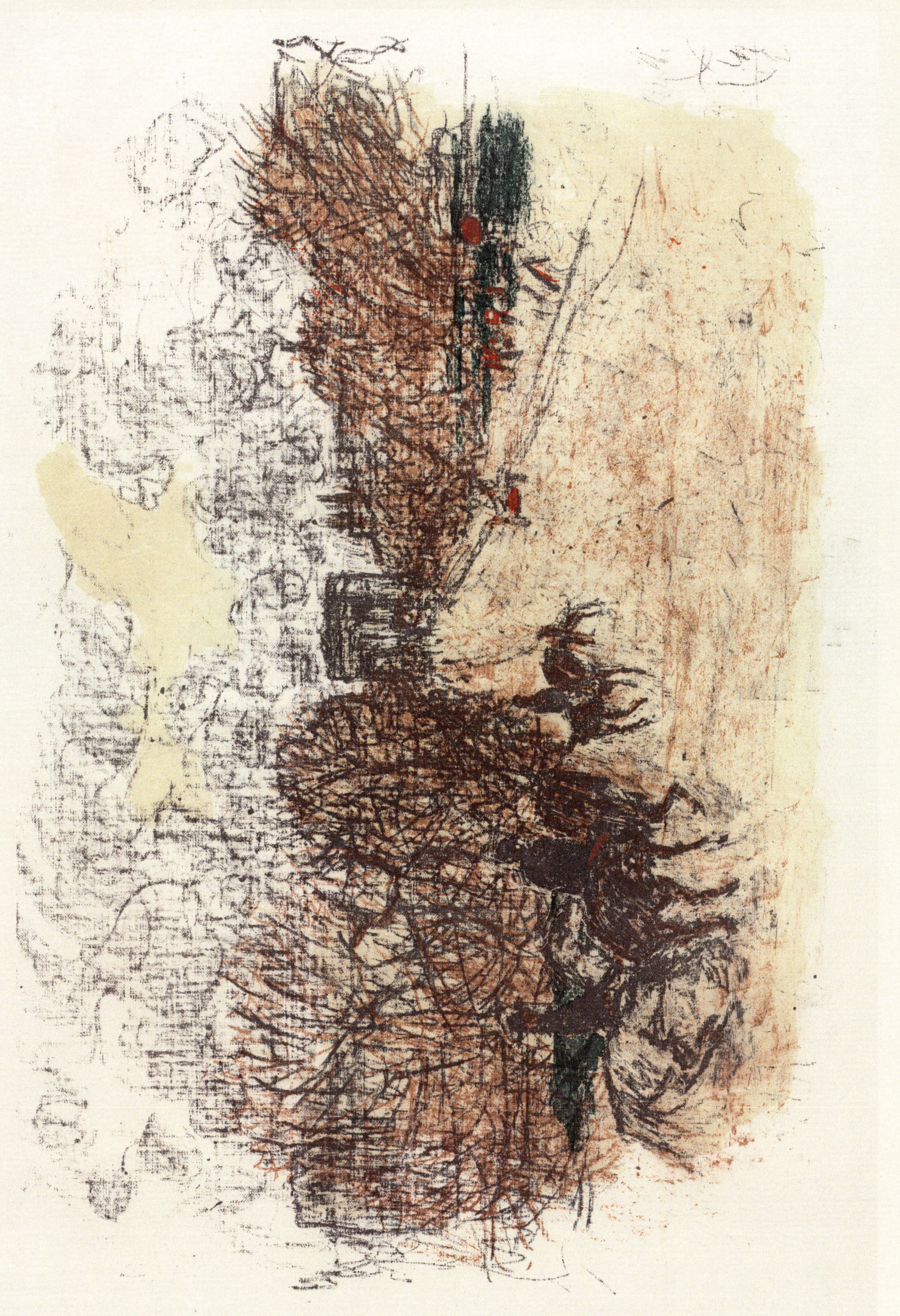

12.

Coin de rue vue d'en haut

Street Scene seen from above

circa 1896

368 x 210 mm

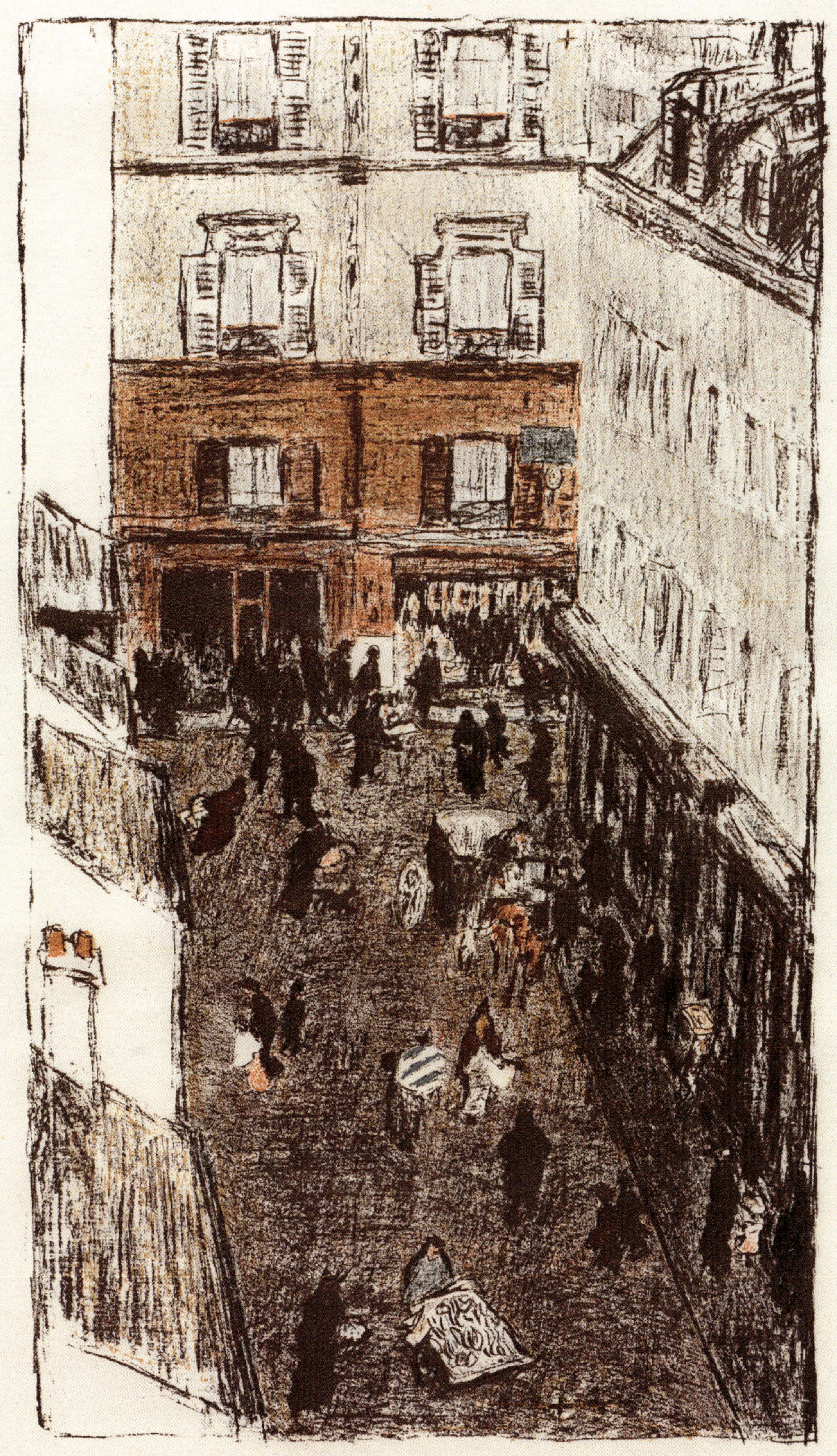

QUELQUES ASPECTS DE LA VIE DE PARIS/
SOME SCENES OF PARISIAN LIFE
Suite de 12 planches et une couverture, imprimée par Auguste Clot. Éditée à Paris par Ambroise Vollard en 1899, et tirée à 100 exemplaires./
Suite of 12 plates and a cover, printed by Auguste Clot. Published in Paris by Ambroise Vollard in 1899, in an edition of 100 copies.

Pallas Athene (Publishers) Ltd,
2 Birch Close, London N19 5XD

www.pallasathene.co.uk

ISBN 978 1 84368 301 8 (édition française)
ISBN 978 1 84368 300 1 (English edition)

Imprimé en Angleterre par Blissetts/
Printed in England by Blissetts